ज़िन्दगी मै और मेरी कविताएं

विवेक ऐरन

BookLeaf Publishing
India | USA | UK

Made with ❤ on the BookLeaf Publishing Platform
www.bookleafpub.in
www.bookleafpub.com

Dedication

यह काव्य संग्रह समर्पित है –

मेरे स्वर्गीय माता-पिता को,
जिनसे मैंने जीवन को समझना सीखा
और जिनके अटूट विश्वास और प्रेम ने मुझे हमेशा लिखने की प्रेरणा दी ।

उन दोस्तों को,
जिन्होंने हर कदम पर मेरा साथ दिया
और मेरी कविताओं के पहले श्रोता बने।

तथा

हर उस पाठक को,
जो कविताओं को सिर्फ़ पढ़ता नहीं,
बल्कि उन्हें जीता है।

Preface

प्रिय पाठकों,

कविता मेरे लिए केवल शब्दों का मेल नहीं, बल्कि आत्मा की अभिव्यक्ति है।

यह काव्य संग्रह मेरे हृदय के उन अनछुए एहसासों और विचारों का संकलन है, जिन्हें मैंने शब्दों के माध्यम से पिरोने का प्रयास किया है। जीवन के विभिन्न रंगों, रिश्तों की गहराई, बचपन की मीठी यादें, और देश प्रेम की भावना – ये सब इस किताब के पन्नों में समाहित हैं।

हर कविता एक यात्रा है; कभी यह आपको बीते हुए कल में ले जाएगी, तो कभी वर्तमान की सच्चाइयों से रूबरू कराएगी। इसमें आपको 'विश्वास' की शक्ति मिलेगी, 'बेटियों' के महत्व का एहसास होगा, 'बचपन की बारिश' में भीगने का अवसर मिलेगा, और 'ज़िन्दगी की रेलगाड़ी' के सफर को समझने का मौका मिलेगा।

मैंने इन कविताओं में अपने अनुभवों, कल्पनाओं और समाज के प्रति अपनी दृष्टि को व्यक्त करने की कोशिश की है। मुझे आशा है कि ये कविताएं आपके मन को छू पाएंगी और आप इनमें अपने जीवन के अंशों को ढूंढ पाएंगे। यह संग्रह केवल शब्दों का समूह नहीं, बल्कि भावनाओं का एक दर्पण है, जिसमें आप स्वयं को देख सकें।

कविताएँ ना सिर्फ पढ़ी जाती हैं, बल्कि महसूस की जाती हैं। यदि यह पुस्तक आपके मन को छू सके, तो यही इस लेखक का सबसे बड़ा

पुरस्कार होगा।

आपके स्नेह और प्रोत्साहन की कामना के साथ,

-विवेक ऐरन

Acknowledgements

इस काव्य संग्रह को साकार करने में कई लोगों का प्रत्यक्ष और अप्रत्यक्ष सहयोग रहा है, जिनके प्रति मैं हृदय से आभार व्यक्त करता हूँ।

सर्वप्रथम, मैं अपने परिवार का आभारी हूँ, जिन्होंने हर परिस्थिति में मेरा साथ दिया, मेरी रचनात्मकता को समझा और मुझे लिखने के लिए प्रेरित किया। आपके समर्थन के बिना यह यात्रा संभव नहीं थी। विशेषकर मै अपनी जीवन संगिनी **मानसी** का आभारी हूँ क्यूंकि उसी के हिस्से का वक़्त चुराकर मै ये कवितायेँ लिख पाया हूँ।

मैं अपने उन सभी मित्रों और शुभचिंतकों का धन्यवाद करना चाहता हूँ, जिन्होंने मेरी कविताओं को सुना, सराहा और अपनी बहुमूल्य प्रतिक्रियाएं दीं। आपकी टिप्पणियों ने मुझे बेहतर लिखने के लिए प्रोत्साहित किया।

मेरे गुरुजनों और मार्गदर्शकों का विशेष आभार, जिन्होंने मुझे शब्दों की शक्ति से परिचित कराया और लेखन कला की बारीकियों को सिखाया।

मैं **Bookleaf Publication** और उनकी पूरी टीम का भी धन्यवाद करता हूँ, जिन्होंने इस पुस्तक को पाठकों तक पहुँचाने में अथक प्रयास किए।

अंत में, मैं उन सभी पाठकों का आभार व्यक्त करता हूँ, जो मेरी कविताओं को पढ़ेंगे और उन्हें अपना प्यार देंगे। आपकी सराहना ही

मेरी सबसे बड़ी प्रेरणा है।

धन्यवाद!

विवेक ऐरन

1. ज़िन्दगी

जीवन
क्यूँ है इतना मुश्किल
क्यूँ हर कदम पर एक चुनौती है
एक पार करो
तो एक तैयार खड़ी होती है
क्यूँ सुकूँ के पल
बस पल भर के होते हैं
क्यूँ हर सेज पर
बस काँटे बिछे होते हैं
क्यूँ इत्मीनान से कभी
बैठ नही पाते
कल की फिक्र मे
आज भी गँवाते
लेकिन
अगर जीवन सरल हो जाये
तो कितना नीरस हो जाएगा
एक ही ढ़र्रे पे चलते चलते
उसी में खो जाएगा
इसीलिए
जीवन

इतना मुश्किल है
हर कदम एक चुनौती है
ताकि
हम भूल ना जाएं इसकी कीमत
समझे ज़िन्दगी की अहमियत
क्योंकि
जो चीज़ आसानी से मिल जाए
उसकी कद्र कहाँ होती है
और मेहनत से मिली चीज़
जान से प्यारी होती है
तभी तो
जीवन की मुश्किलें हमे सिखाती हैं
मेहनत से मिली चीजों का
एहतराम करना
और हर परिस्तिथि मे
सिर्फ आगे बढ़ना
हर चुनौती का
डटकर सामना करना
गिरकर उठना
और उठकर सम्भलना
तूफाँ कैसा भी हो गुज़र जाता है
एक नयी सीख हमे देकर जाता है
कभी खुशनुमा सुबह
तो कभी उदासी भरी शाम है
ज़िन्दगी शायद इसी का नाम है ।

~~~~~~~~~~☼~~~~~~~~~~
~~~~~~~~~~

2. ज़िन्दगी की रेलगाड़ी

पटरियों पर दौड़ती रेलगाड़ी को देखकर लगा
हम भी तो दौड़ रहे हैं इसी की तरह
वास्तव मे वक्त की पटरियों पर दौड़ती
जिंदगी एक रेलगाड़ी ही तो है
जो चलती है एक बचपन के स्टेशन से
अपने गंतव्य की ओर
जी हाँ, गंतव्य जो एक ही है सबके लिये
और वहां तक पहुंचते पहुंचते
रूकती है बहुत सारे स्टेशनों पर
कभी रूक जाती है बीच मे यूं ही
बिना किसी स्टेशन के
तो कभी वक्त से ज्यादा वक्त लगाती है कहीं
कभी रफ्तार धीमी कभी तेज
कभी वक़्त से पहले भी पहुंच जाती है कहीं
कितने ही सहयात्री मिलते हैं रास्ते मे
कोई उतरता है कोई चढ़ता है
कोई दिल मे बस जाता है
कोई भूल जाता है
तो कोई पूरे सफ़र तक साथ चलता है
कोई किसी स्टेशन पे

हमे विदा करके जाता है
तो कोई अगले स्टेशन पे
फिर से अपना हो जाता है
झटके लगते हैं कभी
तो कभी चैन से बर्थ पे सोते हैं
और फिर कभी कभी
यहाँ हादसे भी तो होते हैं
लंबे सफ़र मे कभी
इंजन बदलना होता है
तो कभी पुराने इंजन से ही
मीलों चलना होता है
घना जंगल हो या हसीन वादियां
उंचे पहाड़ या लंबी गुफाएं
ये रेलगाड़ी चलती रहती हैं
यूँ ही बिना रूके
सब स्टेशनो को पार करती हुई
कभी धीमे कभी तेज
अपने गंतव्य की ओर बढ़ती हुई
जी हाँ, गंतव्य जो एक ही है सबके लिये।

~~~~~~~~~~☼~~~~~~~~~~
~~~~~~~~~~

3. बचपन की बारिश

रिमझिम रिमझिम बारिश मे
खिड़की से देखा मैने
झर झर बूंदे बह रही थी
कुछ तो मुझसे कह रही थी
सहसा याद आया बचपन
यादों में भीगा तन मन
जब यूं ही निकल पड़ते थे
बारिश मे नहाने को
टपकती बूंदो को गले लगाने को
ना मोबाईल भीगने का डर था
ना नोट गीले होने का
बस अलग ही आनंद था
तन मन भिगोने का
कुछ अलग ही होता था वो खुमार
ना कभी सर्दी लगी ना ही आया बुखार
अब तो बारिश बस शीशे मे दिखती है
चाहे वो ऑफिस के हों घर के या कार के
उन्हे खोलकर भीगने के भी अब नही होते अरमान
कभी इज्जत आड़े आती है
तो कभी जेब मे रखा कीमती सामान

काश ! फिर से एक बार वो बारिश मिल जाए
भीगकर जिसमे तन मन खिल जाए
ना कोई इज्जत आड़े आए
ना किसी कीमती सामान का हो ज़िक
बस भीगते रहें भुलाकर हर फ़िक्र
बस भीगते रहें भुलाकर हर फ़िक्र ।

~~~~~~~~~~☼~~~~~~~~~
~~~~~~~~~~

4. यादें

जीवन की धरोहर हैं
बस कुछ यादें
कुछ खट्टी कुछ मीठी
कुछ बिल्कुल साफ
तो कुछ थोड़ी धुंधली पड़ी
कुछ होठों पे मुस्कुराहट लाती
तो कुछ आंखें गीली कर जाती
कुछ लोगों से जुड़ी यादें
कुछ बातों से जुड़ी यादें
कुछ यादों को हम भूलना चाहते हैं
कुछ को हमेशा के लिये दिल मे संजोना
कुछ के सहारे हम जीते हैं
तो कुछ सिखाती हैं हमे जीना
लेकिन हर याद से जुड़ी है एक कहानी
बीते वक़्त की मनमानी
जो याद आ जाती है यूं ही
कभी भी कहीं भी
कभी ले जाती है हमे दूर अतीत मे
कभी अतीत को खींच लाती है हमारे पास
गुदगुदाती है कभी मन को हमारे

कभी कराती है खुद की गल्तियों का एहसास
जैसी भी हैं जो भी हैं
ये यादें ना हों
तो जीवन की खूबसूरती कहां होगी
कहां होगी फिर जीने की आस
ये यादें ही तो हैं
जो बनाती हैं जीवन को खास
एक याद मे बदल जाता है
जीवन का हर मंज़र
सच में
ये यादें ही तो हैं
जीवन की असली धरोहर ।

~~~~~~~~~~☼~~~~~~~~~~
~~~~~~~~~~

5. बेटियाँ

नन्ही नन्ही आंखें जब खोलें इस दुनिया मे
दिल मे तभी से बस जाती हैं ये बेटियाँ
तोतली जुबां मे जब बात अपनी कहना चाहें
रोते हुए को भी हंसा जाती हैं ये बेटियाँ
चौखट पर जवानी की जब इनके कदम पड़ें
कारण चिंता का बन जाती हैं ये बेटियाँ
दुल्हन बनकर ससुराल चली जाती हैं तो
याद हद से ज़्यादा आती हैं ये बेटियाँ

मायके की इज्ज़त रखें मान ससुराल का भी
लाज दोनों घरों की बचाती हैं ये बेटियाँ
बहन कभी बीवी कभी मां कभी बहु बनके
अपना हर फर्ज़ निभाती हैं ये बेटियाँ
घर का सारा काम करें बाहर भी नाम करें
बेटों से भी ज़्यादा कमाती हैं ये बेटियाँ
लक्ष्मी का रूप हैं यें दुर्गा स्वरुप हैं यें
क्यूँ फिर कोख़ मे ही मारी जाती हैं ये बेटियाँ ।

~~~~~~~~~~☼~~~~~~~~~~
~~~~~~~~~~

6. नया सवेरा

रोज नया सवेरा आता है
उम्मीदें संग वो लाता है
सपनो के पूरा होने की
एक आस सी दिलाता है
उन उम्मीदों मे जीने का
कारण ढूंढा करता हूं
उस कारण को पाने की खातिर
दिन भर घूमा करता हूं
फिर यूं ही शाम हो जाती है
सारी उम्मीदें खो जाती हैं
सारे सपने सब आशाएं
दिल की दिल मे रह जाती हैं
टूटे हुए दिल की अंखियों से
अश्रुधारा बहती है
बिस्तर पर निंदिया रानी मुझसे
घंटो रूठी रहती है
फिर जाने कब चुपके से
आंख मेरी लग जाती है
मीठे-मीठे सपनो की
एक दुनिया सी बन जाती है

जीवन मे मेरे वो
कुछ खुशियां लेकर आती है
लेकिन सपना पूरा होने से
पहले आँख खुल जाती है
फिर नया सवेरा आता है
उम्मीदें संग वो लाता है
फिर यूं ही शाम हो जाती है
सारी उम्मीदें खो जाती हैं ।

~~~~~~~~~~☼~~~~~~~~~~
~~~~~~~~~~

7. विश्वास

विश्वास है तो आस है
विश्वास है तो सांस है
इस विश्वास से ही तो
ईश्वर के होने का आभास है
विश्वास से ही
जीत हमारे पास है
विश्वास से ही
रिश्ते बनाते ख़ास हैं
विश्वास टूट जाये
तो ज़िन्दगी टूट जाती है
विश्वास से ही
मेहनत रंग लाती है
विश्वास गर ना हो
तो रिश्ते नही निभते हैं
विश्वास के बिना
फूल भी कांटो से चुभते हैं
विश्वास से ही तो
हमारी हिम्मत बढ़ती है
विश्वास से ही
उम्मीदें परवान चढ़ती हैं

गर ये विश्वास टूट जाये
तो कुछ भी तो ना होगा जीवन मे
ना बेपरवाही होगी बचपन मे
न उम्मीदें होंगी यौवन मे
बनाकर रखना
इस विश्वास को सदा यूँ ही
टूटने मत देना इसकी डोर
क्यूंकि ये विश्वास ही पार कराएगा
जीवन का हर कठिन दौर ।

~~~~~~~~~~☼~~~~~~~~~~
~~~~~~~~~~

8. ऐ काश कहीं ऐसा होता

ऐ काश कहीं ऐसा होता ये काश ना होता जीवन मे
सबको सब कुछ मिल जाता कोई इच्छा ना रहती मन मे।

खेल खिलौनो से दूर ना रहता बच्चों का बचपन
मासूम सी किलकारी से गूंजता हर एक घर आंगन
ढेर सी टॉफी चॉकलेट मिलती सारे बच्चों को
तरसना ना पड़ता इन प्यारे मन के सच्चों को
माँ बाप दोनो का प्यार मिलता सबको बचपन मे
ऐ काश कहीं ऐसा होता ये काश ना होता जीवन मे ।

पढ़ने को स्कूल मे हंसते गाते जाते सब
फेल ना होता कोई भी पास होकर आते सब
हर बच्चे को मिलती उसकी मनचाही शिक्षा
पेट की खातिर मांगता ना कोई भी बच्चा भिक्षा
खिलता सबका बचपन जैसे गुलाब हो गुलशन मे
ऐ काश कहीं ऐसा होता ये काश ना होता जीवन मे ।

पढ़ने लिखने के बाद सबको नौकरी मिल जाती
देखकर अपनी सैलरी सबकी बांछे खिल जाती
कभी कोई नुकसान ना होता किसी को व्यापार मे

नोटों के कारण ना आता बदलाव कभी व्यवहार मे
रिटायरमेंट के बाद गुज़ारा हो जाता अपनी पेंशन मे
ऐ काश कहीं ऐसा होता ये काश ना होता जीवन मे ।

हर कोई रू-ब-रू होता प्यार की बौंछार से
जुदा ना होता कोई भी कभी भी अपने प्यार से
सबको मिल जाता अपना मनचाहा जीवन साथी
अटूट साथ होता उनका जैसे दीया और बाती
लक्ष्मी का रूप दिखता सबको अपनी दुल्हन मे
ऐ काश कहीं ऐसा होता ये काश ना होता जीवन मे ।

दहेज की खातिर ना रूकती किसी की बेटी की डोली
बंटवारे को लेकर चलती ना भाई-भाई मे गोली
ननद-भाभी देवरानी-जेठानी सब आपस मे मिलकर रहते
सुख दुःख एक दूजे का सब आपस मे मिलकर सहते
राग-द्वेष ईर्ष्या के भाव ना रहते किसी के भी मन मे
ऐ काश कहीं ऐसा होता ये काश ना होता जीवन मे ।

रोटी कपड़ा और मकान सबके हिस्से मे आता
अमीर गरीब के बीच का भेद भाव भी मिट जाता
अपने घर मे मिलती सबको सुख सुविधा सारी
ना होता कोई भी रोगी ना पडता बुढ़ापा भारी
मस्ती मे मस्त रहते सब ना जीता कोई टेंशन मे
ऐ काश कहीं ऐसा होता ये काश ना होता जीवन मे ।

~~~~~~~~~~☼~~~~~~~~~~
~~~~~~~~~~

9. बस ! अब और नही

जीवन की इस भाग दौड़ मे क्या खोया क्या पाया है
उम्र तो तूने काट ली है पर जीवन जी नही पाया है
रंग बदलती इस दुनिया मे क्या तेरा है क्या मेरा है
बस इतना जान ले ये जीवन चंद लम्हों का बसेरा है
गुज़रते हुए इन लम्हों का कोई ठिकाना ठौर नही
बस ! अब और नही.............

चकाचौंध की ओर ही केवल तू अभी तक भागा है
चैन से सोने की खातिर तू कितनी रातों मे जागा है
जीवन का मतलब तूने केवल इतना जाना है
जिन चीज़ों का मोल नही उन चीजों को पाना है
असली जीवन क्या है तूने किया कभी भी गौर नही
बस ! अब और नही.................

सफलता की उंचाई पर तूने अपने को तो पंहुचा दिया
लेकिन कितने ही अनमोल पलों को तूने यूं ही गंवा दिया
देख पलटकर पीछे अपने क्या क्या छोड़कर आया है
चंद सिक्कों की खातिर कितने सपने तोड़कर आया है
भरी है तेरी थाली लेकिन एक प्यार का कौर नही
बस ! अब और नही..................

खुद से यूं ही लड़ते लड़ते एक दिन जब थक जाएगा
जीवन यूं ही व्यर्थ गंवाया तब समझ ये आएगा
कर ले कुछ ऐसा जीवन मे कि दुनिया तुझको याद करे
तेरे जाने के बाद भी तेरे लिये फरियाद करे
जाना है इस दुनिया से दिल पर लेकर कोई जोर नही
बस ! अब और नही......

कठिन वक्त ने जब जब तेरा इम्तिहान लेना चाहा है
हर लम्हे को तूने डटकर जांबाजी से निबाहा है
फिर क्यूं आज निराश है इतना गर दुःख का बादल छाया है
क्यूं दिल तेरा बैठ गया क्यूं आंखों मे पानी आया है
छंट ना सके जो जीवन भर ये बादल इतना भी घनघोर नही
बस ! अब और नही................

जियूंगा एक दिन खुद की खातिर ये सोचता रह जायेगा
आ जायेगा बुलावा लेकिन वो दिन कभी ना आयेगा
बहुत छोटा सा जीवन है ये जी ले तू इसको भरपूर
करले जो है तेरे मन मे मत बन इतना मजबूर
यूं तो जीवन के झमेलों का कहीं अन्त तक छोर नही
बस ! अब और नही...............

सोच जरा अब गहराई से कैसे तुझको जीना है
छोड़कर प्याली अमृत रस की क्यूं घूंट ज़हर का पीना है
हिम्मत कर और आगे बढ़ अब सपनों को करने साकार
रस्ते अपने आप खुलेंगे मंज़िल भी लेगी आकार
लड़ ना सके जो बाधाओं से तू इतना तो कमज़ोर नही

बस ! अब और नही................

~~~~~~~~~~☼~~~~~~~~~~
~~~~~~~~~~

10. चलो ना

चलो ना
एक काम करते हैं
ज़िन्दगी गुज़र रही है
सारे गिले शिकवे भुलाकर
दिलों में प्यार भरते हैं
चलो ना
ये काम करते हैं ।

जीवन मे अपने
बहुत कुछ देखा है, सहा है
ज़िन्दगी पे अब भरोसा ही कहाँ रहा है
वक़्त के आगे हर कोई कमज़ोर है
किसी और के हाथों में
जीवन की डोर है
फिर क्यूँ हम इतना डरते हैं
चलो ना
एक काम करते हैं
डर को मिटाकर
दिल मे विश्वास भरते हैं
चलो ना

ये काम करते हैं ।

चाहिए ही क्या
हमे जीने ले लिए
फिर इतना हाहाकर है किसलिए
सब जब यूँ ही छोड़ जाना है
चन्द दिनों का
ज़िन्दगी का फसाना है
फिर क्यूँ दिन रात तिजोरी भरते हैं
चलो ना
एक काम करते है
किसी की दुआओं से
तिजोरी भरते हैं
चलो ना
ये काम करते हैं ।

कितनी बेफिक्री थी
उन बचपन के बिछौनों में
सिमट जाती थी सारी खुशियां
बस चंद खिलौनो में
देखते थे जहां सपने कुछ पाने के लिए
छोड़ आये वो गलियां कुछ कर दिखाने के लिए
अब रात दिन उन गलियों को याद करते हैं
चलो ना
एक काम करते है
एक बार फिर
उन गलियों में विचरते हैं

चलो ना
ये काम करते हैं ।

जीने के लिए
हम दिन रात भागते हैं
मगर फिर भी रातों को जागते हैं
जीते हैं बस ज़िंदा रहने के लिए
खुश हैं हम ये कहने के लिए
मगर जीने के लिए
हर रोज़ मरते हैं
चलो ना
एक काम करते हैं
पहले ज़िन्दगी जीते हैं,
फिर मरते हैं
चलो ना
ये काम करते हैं ।

~~~~~~~~~~☼~~~~~~~~~~
~~~~~~~~~~

11. ना तुम जानो ना हम

क्यूँ जीवन ना सरल
क्यूँ पीना पड़े गरल
क्यूँ भटके है ये मन
ना तुम जानो ना हम

क्यूँ ठहरे ना खुशी
क्यूँ लबों पे ना हंसी
क्यूँ आते हैं ये ग़म
ना तुम जानो ना हम

क्यूँ आए ना बहार
क्यूँ बसंत भी दुश्वार
क्यूँ पतझड़ ही हरदम
ना तुम जानो ना हम

क्यूँ मिले न मरहम
क्यूँ जीवन दुर्गम
क्यूँ वक्त फिर भी कम
ना तुम जानो ना हम

क्यूँ पूजते ईश्वर
क्यूँ भरोसा उस पर
क्या है ये एक भरम
ना तुम जानो ना हम ।

~~~~~~~~~~☼~~~~~~~~~~
~~~~~~~~~~

12. पिता

हर उम्मीद हर आस टूट जाती है
पिता ना हो तो ज़िन्दगी रूठ जाती है

बचपन मे ही बचपन कहीं खो जाता है
खुद ब खुद खिलौनों से फासला हो जाता है
इच्छाएं मन की भी बाहर नही आती
ख्वाहिशों का परिंदा भी सो जाता है
मासूमियत कहीं पीछे छूट जाती है
पिता ना हो तो ज़िन्दगी रूठ जाती है

कोई साथ नही होता दुनियादारी समझाने को
जवानी की दहलीज पार कराने को
हासिल होती है जब कोई कामयाबी
दिल ढूंढता है उन्हें पीठ थपथपाने को
तब यूँ ही बैठे बैठे रुलाई फूट जाती है
पिता ना हो तो ज़िन्दगी रूठ जाती है

जीवन के किसी मुकाम पर जब थक जाते हैं
हालातों के बीच कहीं अटक जाते हैं
आँख बंद करके जब उन्हें याद करते हैं

सूखी आंखों से दो आंसू टपक जाते हैं
वो घड़ी दिल का सारा सुकूँ लूट जाती है
पिता ना हो तो ज़िन्दगी रूठ जाती है

यूँ तो ज़िन्दगी अपनी रफ़्तार से चलती है
पर एक कमी सी हमेशा ही खलती है
हर कदम पे लगता है कुछ है अधूरा
एक टूटा हुआ सपना जो ना हुआ पूरा
उस सपने के साथ हर आशा टूट जाती है
पिता ना हो तो ज़िन्दगी रूठ जाती है ।

~~~~~~~~~~☼~~~~~~~~~~
~~~~~~~~~~

13. राम का फर्ज़

कलंकित हुई माँ सीता जब दोष राम पर डाला गया
एक धोबी के कहने पर क्यों सीता को घर से निकाला गया
सभी मांग रहे थे उत्तर प्रश्न खुद बने थे राम
जानते थे पवित्रता सीता की फिर भी चुप खड़े थे राम
आने वाली पीढ़ी को उन्हे राजधर्म सिखलाना था
राम सह गए हर दुख
क्योंकि राम को राम का फर्ज़ निभाना था।

किशोर राम ने छोड़ दिया घर मुनियों के दुख हरने को
चल दिए वो कौशिक के संग यज्ञ रखवाली करने को
होंठों की मुस्कान वही थी वही रूप था मतवाला
राजगद्दी का वादा करके जब वन जाने को कह डाला
माँ कैकेई की कुचाल तो केवल एक बहाना था
राम सह गए हर दुख
क्योंकि राम को राम का फर्ज़ निभाना था।

अंत समय में पिता के जो दर्शन तक ना कर पाया
ज्येष्ठ पुत्र होने के नाते चिता शीश ना धर पाया
वन में संकट सहते हुए जिसने भार्या खो दी हो
जिसके कठिन जीवन पर खुद नियति भी रो दी हो

राम को लेकिन फिर भी हरदम मंद मंद मुस्काना था
राम सह गए हर दुख
क्योंकि राम को राम का फर्ज़ निभाना था।

जिसको न मालूम पड़ा अपने बच्चों का नाम पता
जिसने भुगती हर सजा बिना किए ही कोई खता
जिसका जीवन आधारित था आदर्शों पर सच्चाई पर
समर्पित था जो केवल मानवता की भलाई पर
केवल भक्तों की खातिर ही उन्हे धरा पर आना था
राम सह गए हर दुख
क्योंकि राम को राम का फर्ज़ निभाना था।

क्यों फिर वो राम सीता का साथ अंत तक निभा ना सके
सीता साथ चली थी उनके वो क्यों संग में जा ना सके
प्रजा का संदेह हटाया खुद जरा ना शंकित हुए थे राम
कलंक हटाकर सीता का खुद कलंकित हुए थे राम
राम का दोष नही था कुछ भी दोषी तो ये ज़माना था
राम सह गए हर दुख
क्योंकि राम को राम का फर्ज़ निभाना था।

~~~~~~~~~~☼~~~~~~~~~~
~~~~~~~~~~

14. रावण का स्वीकरण

हाँ मैं रावण हूँ
पापी निशाचर कहलाने वाला रावण
मेरा कुल राम से ऊंचा था
शिव भक्त मुझसा ना कोई दूजा था
अखंड विधाओं का मैं ज्ञाता था
कोई भी ना मेरे आगे टिक पाता था
राम ने सिर्फ शिव धनुष तोड़ा
मैने कैलाश को तौला था
पंडित ना मुझसा था कोई
समस्त वेदों को मैने टटोला था
मैने भक्ति के ढूंढे अर्थ नए
किन्तु मेरे सारे गुण व्यर्थ गए
क्योंकि,
चल न पाया मै सही राह पर
अपनाया बुराई को विलासिता की चाह पर
ना ज्ञान का सही उपयोग किया
बस भोगों का उपभोग किया
तभी तो
राम की तरह मेरा भाई मेरे साथ न था
मेरे सर पे बड़ों का हाथ न था

हार गया मैं इसीलिए श्रीराम से
जीत ना पाया सच्चाई को
अपने अतुलित बलधाम से
गर चलता मैं भी मानवता की डगर
अपनाता अच्छाई को मै भी अगर
तो किसी राम से मै बल मे कम न था
वानर भालुओं मे मुझे हराने का दम न था
सही दिशा मे लगाता मै गर अपना ज्ञान
और रखता अपनी शिव भक्ति का मान
तो हर बरस मै यूँ ना फूँका जाता
और राम की तरह मै भी घर घर मे पूजा जाता
राम के साथ मै भी घर घर मे पूजा जाता ।

~~~~~~~~~~☼~~~~~~~~~~
~~~~~~~~~~

15. दोस्त

दोस्त हैं तो सांस है
दोस्त हैं तो आस है
दोस्तों के होने से ही तो
जिंदगी प्यार भरा एहसास है ।

दोस्त हैं तो जिंदगी है
दोस्त ही तो बंदगी हैं
दोस्तों का साथ ही तो
वुजूद की नुमाइंदगी है ।

दोस्त ही गुलजार हैं
दोस्त ही तो प्यार हैं
जिंदगी की तपिश में
दोस्त ठंडी बयार हैं ।

दोस्त खुशी का खुमार हैं
दोस्त गम में शुमार हैं
दोस्तो का एक शब्द ही
हर रोग का उपचार है ।

दोस्त हैं तो महफिल है
दोस्त हैं तो मंजिल है
जिंदगी की हर रंग में
दोस्त लहू से शामिल हैं ।

दोस्त ही सदगुरु हैं
दोस्त ही आबरू हैं
अपनी तो जिंदगी बस
दोस्ती पे खत्म और दोस्ती से शुरू है ।

~~~~~~~~~~☼~~~~~~~~~~
~~~~~~~~~~

16. ज़िन्दगी का जश्न

आओ आज ज़िन्दगी का जश्न मनाते हैं
बहुत दिन हो गए शिकायतें करते हुए
अब कुछ करके दिखाते हैं
कब से ओढ़ रखी है चेहरे पे संजीदगी
अब थोड़ा बच्चा बन जाते हैं
ज़िन्दगी बहुत ही छोटी है
सब रंजिशें भूल जाते हैं
एक मुद्दत हो गयी दोस्तों से मिले हुए
आज सबके घर हो आते हैं
और कब से रिश्तेदारों से भी तो नही मिले
चलो आज सबको डिनर पर बुलाते हैं
कितने दिनों से बच्चे ज़िद कर रहे हैं
आज उन्हें भी कहीं घुमा कर लाते हैं
क्या रोज़ रोज़ ये परहेज़ का खाना
आज कुछ अपनी पसंद का खाते हैं
मोबाइल से कुछ देर पीछा छुड़ाकर
आज हम कोई गीत गुनगुनाते हैं
माँ बाप से कब से बैठकर बात नहीं की
आज कुछ देर उनसे बतियाते हैं
इस भागा दौड़ी मे वक़्त ही नहीं मिलता

आज जी भरकर अपने प्यार को गले लगाते हैं
बालों मे चांदी झलकने लगी है तो क्या
थोडा संवरकर आईने को चिढ़ाते हैं
ग़म तो ज़िन्दगी का हिस्सा हैं
कुछ देर उन्हें भूलकर खिलखिलाते हैं
आओ आज ज़िन्दगी का जश्न मनाते हैं
अब कुछ करके दिखाते हैं ।

~~~~~~~~~~☼~~~~~~~~~~
~~~~~~~~~~

17. कुछ सीखो इनसे भी

वृक्षों पर खुशी से लहराता हुआ
धूप और वर्षा को गले लगाता हुआ
कहता है पुष्प यही, हे इंसान
सीख मुझसे तू सदाबहार मुस्कान
मत खुशी मे उछल, ना हो दुःख मे निराश
खुशी से सजाता मै डोली और लाश ।

सुबह-सुबह अपनी रश्मियों को लेकर
सुनहरी सी खुशी इस संसार को देकर
कहता है रवि हे निराश इंसान
मुझसे सीख तू निरन्तर उत्थान
गिरकर भी उठने की कोशिश तू कर
उगता हूं मै, रोज़ ढलकर ।

निज शिखा के संग जगमगाता हुआ
अंधकार को दूर भगाता हुआ
कहता है दीपक ये भाव जगाओ
स्वयं जलकर दूसरो को हंसाओ
परहित अपना सर्वस्व तू कर
मुस्कुराता हूं मै सदा जलकर ।

धरती पर रेंगती एक काली सी रेखा
मैने उसे ये कहते हुए देखा
परिश्रम से कभी मत जी तुम चुराओ
धीरे ही सही, कदम तो उठाओ
करो संग्रह तुम थोड़ा-थोड़ा कर
तिनके-तिनके से मै भरती हूं घर ।

बोझ दुनिया का सिर पर उठाती हुई
धैर्य से सबको समाती हुई
कहती है धरती सुन इंसान
मुझसे सीख चिर क्षमा दान
कर्तव्य से अपने मान कभी मत हार
रौंदी जाकर भी देती मै अमूल्य उपहार |

शान से मस्तक उठाता हुआ
शैलराट् अडिग मुस्कुराता हुआ
कहता है यही कुछ मुझसे भी सीख
मत हो मायूस सुन वक्त की चीख
अडिग रहकर दूर भगा दे तू दुःख
बदल देता हूं मै हवा का रूख ।

~~~~~~~~~~☼~~~~~~~~~~
~~~~~~~~~~

18. गर्मियों की छुट्टियाँ और नानी का घर

कल
जब बच्चों की गर्मियों की छुट्टियाँ शुरू हुई
तो उनकी सबसे पहली मांग
'नानी के घर जाना है' सुनकर
आँखों के आगे छा गया
एक बरसों पुराना मंजर
हाँ, नानी का घर
जहाँ गर्मियों की छुट्टियाँ पड़ते ही
निकल पड़ते थे बस मे बैठकर
और फिर वहाँ पहुंचकर
मौसियों के आने का इंतज़ार
कजिन्स के साथ खेलने का खुमार
गुड्डे गुड़िया कैरम लूडो ताश के पत्ते
लड़ना झगड़ना और फिर हो जाना इकट्ठे
चम्पक नंदन चाचा चौधरी और साबू की कहानी
बिना किसी रोक टोक करना अपनी मनमानी
देर रात तक छतों पर मस्ती करना
कभी नहाने के लिए टैंक से पानी भरना
फिर नए खिलौने और कपड़े लेकर इतराना

मेरे ज्यादा अच्छे हैं कहकर कजिन्स को चिढ़ाना
और लौटने के वक़्त
वो चिड़चिड़ा हो जाना
रोने के लिए बहाने बनाना
उदास मन से वापस आना
और अगली छुट्टियों का इंतज़ार करना
सब कुछ कितना साफ अंकित है
मानस पटल पर
आज भी साफ दिखता है मुझे
वो नानी का घर
आज क्या नही है ज़िन्दगी में
कुछ नही है अगर
तो गर्मियों की छुट्टियाँ
और नानी का घर ।

~~~~~~~~~~☼~~~~~~~~~~
~~~~~~~~~~

19. भारत बनाम हिंदुस्तान

इस सनातनवादी देश मे किसने
मानवता का अपमान किया
कौन है आखिर वो जिसने
मेरे भारत को हिन्दुस्तान किया
बाबर और अकबर को
महान तो हमने बना दिया
किन्तु नेताजी को हमने
कहीं किस्सों में दफना दिया
औरंगज़ेब की क्रूरता को
वीरता हमने बतलाया
लेकिन आज़ाद की वीरता को
हमने केवल झुठलाया
ताजमहल की खूबसूरती
तो सबको दिखाई गई
फिर रामसेतु की सच्चाई
क्यों दुनिया से छुपाई गई
इतिहास का सारा रुख हमने
मुग़लों की तरफ ही मोड़ दिया
क्यों गंगाधर को भूल गए
क्यों वल्लभ भाई को छोड़ दिया

तैमूर जैसे शासक को
गर हमने सरफ़राज़ किया
तो कर्ण की दानवीरता को
आखिर क्यों नज़र अंदाज़ किया
शाहजहाँ की गाथा
सब स्मारकों मे गाई गयी
अदभुत मंदिर बनाने वालों की
कारीगरी भुलाई गयी
याद हैं हमको लोधी तुग़लक़
सड़कें है जिनके नाम पर
याद हैं हमको गौरी ग़ज़नवी
शर्म आती है जिनके कारनामो पर
पर भूल गए हम भगतसिंह को
जो फांसी पर झूल गए
पद्मावती के जौहर का
कारण भी हम भूल गए
खिलजियों का परचम हमने
दुनिया भर में लहरा दिया
लेकिन मौर्य और मराठों को
बस यूं ही बिसरा दिया
कब तक भूले बैठेंगे हम
अपने गौरवशाली इतिहास को
किसी को तो सुधारना होगा
इस वक़्त के परिहास को
अब वो वक़्त आ चुका है
जब इतिहास हमे बदलना होगा
हिदुस्तान को भारत बनाने

की डगर चलना होगा ।

~~~~~~~~~~☼~~~~~~~~~~
~~~~~~~~~~

20. जय हिन्द जय हिन्द की सेना

आ जाओ तुम सारे मिलकर हमसे ना लड़ पाओगे
जब तक हम सीमा पर खड़े हैं आगे बढ़ ना पाओगे
कोई जात ना धर्म हमारा, हम भारत माँ के पुजारी हैं
चीनी, पाकी, नेपाली हम सबके ऊपर भारी हैं ।

भारत माँ की रक्षा करना हमें अच्छे से आता है
पल दो पल का साथ नही ये जीवन भर का नाता है
तुम पीठ मे भोंके जाने वाले ख़ंजर हम तलवार दुधारी हैं
चीनी, पाकी, नेपाली हम सबके ऊपर भारी हैं ।

जाँ की बाज़ी लगाकर अपनी अपना धर्म निभाएंगे
दुश्मन चाहे जैसा भी हो उसको मार गिराएंगे
सारी साँसे हमने अपनी भारत माँ पर वारी हैं
चीनी, पाकी, नेपाली हम सबके ऊपर भारी हैं ।

नये ज़माने के भारत से तुम कुछ भी ना ले पाओगे
मान लो अब भी बात हमारी वरना मुँह की खाओगे
तुम हो नाचने वाले बंदर और हम कुशल मदारी हैं
चीनी, पाकी, नेपाली हम सबके ऊपर भारी हैं ।

लिए तिरंगा खड़े हुए हैं हम भारत माँ की शान में
मर मिटने को आतुर हैं हम आज वतन की शान में
खून खौलता बदन मे हमारे और आंखें अंगारी हैं
चीनी, पाकी, नेपाली हम सबके ऊपर भारी हैं ।

चाहे जितना जोर लगा लो हम हिम्मत ना हारेंगे
एक एक दुश्मन को चुनकर हम सामने से मारेंगे
डर नही हमे किसी का हमारे रक्षक भोले भंडारी हैं
चीनी, पाकी, नेपाली हम सबके ऊपर भारी हैं ।

~~~~~~~~~~☼~~~~~~~~~~
~~~~~~~~~~

21. मै और मेरी कविताएं

मै और मेरी कविताएं
अक्सर ये बातें करते हैं
ये शब्दों की गहराई
लोग समझ भी पाते हैं
या फिर यूं ही
बस तालियां बजाते हैं
क्या हमारी भावनाएं
सब तक पहुंच भी पाती हैं
या फिर बस
ये सिर्फ एक कोशिश रह जाती है
किसी के दिल को छूने की
ये हैसियत भी रखती हैं
या बस यूं ही
सिर्फ मनोरंजन करती हैं
मैं और मेरी कविताएं
अक्सर ये बातें करते हैं
कभी कभी यूं ही
हम दोनो सोचते हैं
क्या हमारे दिल के जज्बात
लोग सचमुच समझते हैं

या फिर ये अहसास
सिर्फ शब्द बनकर रह जाते हैं
जो बस आते हैं
और चले जाते हैं
क्या हमारा कोई प्रभाव
इनके जीवन पर पड़ता है
या हर कोई हमे
बस कविता समझकर पढ़ता है
मै और मेरी कविताएं
अक्सर ये बातें करते हैं
फिर हम दोनो
ये सोचकर मुकुराते हैं
प्यारे दोस्त हमारे
प्यार तो बहुत बरसाते हैं
ये प्यार ही शायद
हमारी सफलता का सबूत है
नही तो हमारी क्या बिसात
और क्या ही वुजूद है
बस ऐसे ही मिलता रहे हमे
इन प्यारे दोस्तों का प्यार
और हम लिखते रहें
ऐसे ही नगमे सदाबहार
मै और मेरी कविताएं
अक्सर ये बातें करते हैं ।

~~~~~~~~~~☼~~~~~~~~~~
~~~~~~~~~~